Julia ist sehr stolz auf ihre neuen Freunde, die sie ausserhalb des Schulheims kennengelernt hat. Mit ihrem Rollstuhl macht sie gerne kleine Ausfahrten, und sie scheut sich auch nicht, die Leute anzusprechen.

Rosemarie kann ganz herzhaft lachen. Fühlt sie sich nicht wohl, so zeigt sie das auch. Oft zuckt sie erschreckt zusammen. Im warmen Wasser und bei ruhigen Klängen aber kann sie sich so richtig entspannen.

Paul ist der Schnellste im Reden. Manchmal erinnert er sich daran, dass früher alles anders war. Nach einem epileptischen Anfall ist er jeweils hundemüde, dabei hat er es am liebsten, wenn's so richtig action gibt.

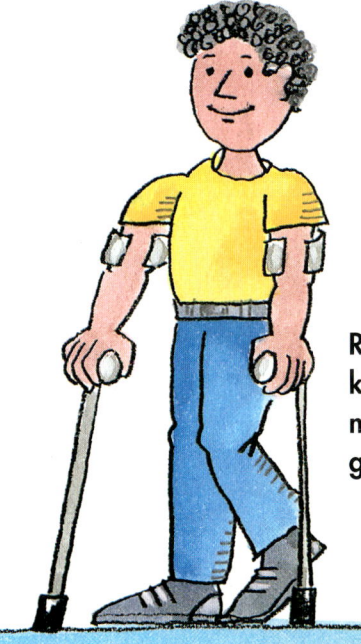

Ralph und Luc lernt ihr in diesem Buch kennen. Behindert zu sein ist oft sehr mühsam. Im Freakland ist aber alles ganz anders...

SVCG
Schweizerische Vereinigung zugunsten cerebral Gelähmter

Dachorganisation
Bereits 1957 wurde die SVCG als Selbsthilfeorganisation von Eltern gegründet.
Die Geschäftsstelle der Dachorganisation versteht sich heute u.a. als Informations-, Dokumentations- und Beratungsstelle (Bulletin Cerebral, Elternbroschüren, Listen mit nützlichen Adressen, Dokumentation zum jeweiligen Jahresthema, Bibliothek etc.).
Ausserdem organisiert die Dachorganisation Ferien für Erwachsene mit cerebralen Bewegungsstörungen und ist für die Interessenvertretung in verschiedenen nationalen Gremien besorgt.
Es besteht eine enge Zusammenarbeit mit der Schweizerischen Stiftung für das cerebral gelähmte Kind mit Sitz in Bern sowie verschiedenen Dachorganisationen aus dem Bereich der Behindertenhilfe.

20 Regionalgruppen in der ganzen Schweiz
Der Dachorganisation sind heute 20 Regionalgruppen angeschlossen, die Eltern, Behinderte, Fachleute sowie Freunde zu ihren Mitgliedern zählen. Mit dem Beitritt zu einer Regionalgruppe haben Betroffene die Möglichkeit, Erfahrungen auszutauschen, sich über Probleme auszusprechen und einander zu unterstützen.

Informations- und Dokumentationsmaterial, Beratung sowie Näheres über die Elterngruppe in Ihrer Region erhalten Sie auf der Geschäftsstelle der SVCG:
Loretostrasse 35, Postfach 100, CH-4504 Solothurn
Tel. 032/622 22 21, Fax 032/623 72 76
e-mail info@svcg.ch, homepage http://www.svcg.ch

© SVCG, 1998
Alle Rechte vorbehalten

ISBN 3-9521126-2-3

Ursula Eggli - Rolf Imbach

Ralph und Luc im Freakland
Wo Behindertsein normal ist

SVCG
Schweizerische Vereinigung zugunsten
cerebral Gelähmter

Ralph und Luc sind Freunde.

Ralph ist elf Jahre alt. Er ist ein Bub mit allerlei Streichen im Kopf, wie andere Buben in seinem Alter. Nein, doch nicht ganz. Ralph sitzt in einem Elektrorollstuhl. Er ist seit seiner Geburt cerebral gelähmt. Seine Beine und Arme gehorchen ihm nicht. Immer wieder zuckt sein Gesicht, und die Arme und Beine fangen zu zappeln an, ohne dass er das will. Menschen mit dieser Behinderung nennt man Spastiker. Manchmal brauchen Kinder dieses Wort auch als Schimpfwort, zum Beispiel: «Du blöder Spasti!»

Luc ist vierzehn Jahre alt. Auch er ist ein Junge mit allerlei Streichen im Kopf, wie andere Jungen in seinem Alter. Auch Luc ist nicht ganz wie die anderen. Er ist ein bisschen dicker, ein bisschen unbeholfener in den Bewegungen. Und Lucs Gesicht sieht anders aus als die Gesichter der meisten anderen Jungen. Er sieht aus wie ein Chinese. Aber Luc ist kein Chinese.
Luc ist geistig behindert, das heisst, er kann in der Schule nicht so schnell denken und so leicht lernen wie andere Kinder. Der Arzt sagt, Luc hat das Down-Syndrom. Manchmal sagen die Leute auch, er sei mongoloid.

Weil Ralph und Luc nicht in eine gewöhnliche Schule gehen können, leben sie im Wohnheim «Rosengarten», zusammen mit anderen behinderten Kindern. Im Rosengarten gibt es Wohnungen, einen Kindergarten, mehrere Schulzimmer und Therapieräume. Dort übt zum Beispiel Ralph mit seiner Physiotherapeutin all die Bewegungen, welche seine Beine nicht selber gelernt haben.
Zur Wohngruppe von Luc und Ralph gehören noch Annekäthi, Rosemarie, Paul und Julia.

Und jetzt beginnt die eigentliche Geschichte.

Es geschah an einem schrecklich langweiligen Wochenende.
Vor den Fenstern regnete es graue Wasservorhänge, so dass Ralph und Luc nicht hinaus konnten. Alle anderen Kinder waren zum Wochenende nach Hause gefahren.
Frau Moser, die heute zu ihnen schauen sollte, telefonierte schon die längste Zeit. Es war den beiden furchtbar langweilig.
Ralph schlug vor: «Luc, komm, wir gehen in die Physiotherapie und spielen dort mit dem grossen Medizinball. Das ist zwar verboten, aber die Moser merkt doch nichts, die telefoniert mit ihrem Freund.»
«Kool!», rief Luc.
Ralph ärgerte sich jedesmal, wenn Luc kool sagte. «*Kuul* heisst das», verbesserte er. «Englisch, verstehst du? Man schreibt zwar *cool*, aber man sagt *kuul!*»
Luc stellte sich hinten auf Ralphs Elektrorollstuhl und sie sausten los durch die langen Gänge des Heimes.

Eine Weile spielten Ralph und Luc im Therapieraum mit dem grossen Ball, aber das war nicht besonders interessant. Ralph fuhr zu dem hohen Spiegel, vor dem er jeweils mit der Therapeutin zusammen seine Übungen machen musste. Verdriesslich betrachtete er sein Spiegelbild. Warum nur hatte er so dumme Zuckungen in Armen, Beinen und sogar im Gesicht? Sieht ja wirklich ätzend aus. Kein Wunder, dass er keinen nichtbehinderten Freund hatte, einen von draussen.

He, was war das?

Plötzlich sah Ralph im Spiegel hinter seinem Bild jemanden winken. Eine sonderbare Gestalt war das, mit einem grünen Federhut auf dem schiefen Kopf. Heute ist doch nicht Fasnacht, dachte Ralph. Schnell drehte er sich um, um zu sehen, wer da hinter ihm in die Therapie eingedrungen war. Doch da war niemand zu sehen, nur Luc, der den grossen Medizinball herumrollte. Mit quietschenden Reifen drehte Ralph sich wieder zum Spiegel zurück. Immer noch sah er dort drin diese Gestalt.

Komm, komm!, winkte sie.

Spinne ich?, dachte Ralph. «Luc, komm her! Schau mal in den Spiegel!», rief er. Neugierig kam Luc herangeschlurft und guckte ebenfalls in den Spiegel. «Oh, kool!», rief er lachend. «Kool, die ruft uns. Los Ralph, gehen wir!»

Und nun, könnt ihr euch vorstellen, was nun geschah? Luc lief einfach in den Spiegel hinein, ohne dass dieser zerbrach, ohne dass er eine Beule bekam, und ohne dass es Scherben gab. Er ging einfach durch den Spiegel wie durch eine Türe. Zusammen mit der grünen Gestalt winkte er nun Ralph zu: «Komm doch, komm, ist kool hier!»
Da seufzte Ralph, schloss die Augen und fuhr mit seinem Elektrorollstuhl in den Spiegel hinein.

Plötzlich schien die Sonne. Ralph hörte Vogelgezwitscher. Erstaunt riss er die Augen auf. Luc war am Reden mit der grünen Gestalt. «Kool», sagte er immer wieder, «kool, kool».
«Kuul, heisst es», verbesserte ihn Ralph automatisch, «das hab ich dir doch schon hundertmal gesagt. Das ist englisch.»
Die grüne Gestalt sah Ralph missbilligend an.
«Hier heisst es kool», sagte sie streng. «Ich bin übrigens Margarulla. Warum bist du nicht gleich gekommen, als ich gerufen habe? Die Königin mag es nicht, wenn man sie warten lässt.» Damit wandte Margarulla sich ab und hinkte davon.

Margarulla und Luc waren schon weit das Strässlein hinunter gegangen, als Ralph endlich hinter ihnen hersauste.
«Willst du nicht aufsteigen?», fragte er Luc.
«Kool», sagte Margarulla und setzte sich zu Ralph auf den Elektrorollstuhl.
So fuhren sie zu dritt in den Thronsaal hinein und drehten eine schwungvolle Ehrenrunde vor der Königin. Rund um die Königin sassen weitere sonderbare Gestalten, die Ralph irgendwie sehr bekannt vorkamen.
«Formidabel», sagte die Königin geziert. «Räder mit Motor, sehr formidabel. Seid willkommen in unserem Land, Fremdlinge.»
Luc machte stolz lachend die Runde und schüttelte allen die Hand. Träume ich?, dachte Ralph. Ich träume, ich träume. Ich muss einfach mitträumen.
«Was ist das für ein Land, Majestät?», fragte er laut.
«Das ist das *Freekland*», sagte die Königin hoheitsvoll.
«Das heisst doch bestimmt *Friikland*», belehrte sie Ralph.
«Das ist englisch, man schreibt *freak* und sagt *friik!*.»
Die Königin sah ihn strafend an. «Du scheinst ein kleiner Normi zu sein, tz, tz, tz... Aber du hast koole Räder. Beschaffe mir auch solche, das ist ein Befehl!»

«Wie soll ich das machen, Sie blöde Majestät?», schrie Ralph und bekam ganz wilde, spastische Zuckungen. Richtig weh tat es in den Muskeln. Die Königin bekam einen roten Kopf vor Zorn und Margarulla flüsterte Ralph ins Ohr: «Komm, wir rollen schnell weiter. Die Königin mag es nicht, wenn man ihr widerspricht. Und Normis und Normale liebt sie schon gar nicht.»
Ralph war entrüstet. «Ich bin kein Normi!», wehrte er sich. Dann sauste er aber doch schnell hinter Margarulla und Luc her, die durch eine kleine, verborgene Hintertür aus dem Thronsaal flohen.

Unter einem B-Baum, an dem Brötchen, Bananen und Bratwürste alle zur gleichen Zeit wuchsen, machten sie Pause. Luc, der immer Hunger hat, begann zu essen.

«Warum hast du die Königin geärgert?», fragte er zwischen zwei Bissen. «Das war doch so eine nette Königin.»

«Gar nicht nett war sie», schimpfte Ralph, aber er biss doch von der Bratwurst ab, die Luc ihm hinstreckte. Ralph kann nämlich nicht selber essen. Man muss ihm eingeben.

«Kommt Freunde, ich bringe euch zur Fee mit den vier Rädern am Hintern», meinte Margarulla nach einer Weile. «Die Fee weiss immer einen Rat. Vielleicht weiss sie, wo ihr einen Motorstuhl für die Königin herkriegt.»

Die Fee mit den vier Rädern am Hintern wohnte in ihrer duftenden Blumengrotte am Ende des Zaubertals. Sie empfing die drei freundlich und bot ihnen gleich blauen Tee und rosa Kuchen an.
«Dürfen wir etwas wünschen?», fragte Luc. «Wenn man einer Fee begegnet, darf man sich doch etwas wünschen.»
Ralph schnaubte ärgerlich. «Feen gibt es gar nicht. Das ist alles megablödes Märchen.»
Die Fee sah ihn an und lächelte. «Du bist ja ein Normi», kicherte sie. Und zu Luc gewandt fragte sie: «Was für einen Wunsch hast du denn?»
Normalerweise hätte Luc bestimmt Spaghetti mit Fischstäbchen gewünscht. Weil er aber vor kurzem so viel gegessen hatte und auch noch rosa Kuchen in sich hineinstopfte, war er satt. Er blickte Ralph an und fragte: «Was soll ich wünschen?»
Ralphs Arme und Beine zuckten wild, so dass die Riemen, mit denen sie an den Rollstuhl gebunden waren, schmerzhaft ins Fleisch schnitten.
«Ich möchte mal ein Held sein», sagte er mühsam. «Ein Held, nicht so ein doofer Spasti.» Ralph war ganz rot geworden.
Die Fee mit den vier Rädern am Hintern lachte. «Nichts leichter als das», sagte sie. «Du hast ja schon ein Heldenherz.»
Sie hob den Zauberstab und murmelte:

*«Heldenmänner und Heldenfrauen
uns die schönsten Geschichten bauen.
Simsalabim und stolzer Mut
machen das Abenteuer gut.»*

Hui, wie staunte Ralph, als er plötzlich vor einem blinkenden Armaturenbrett sass. Hinter der dunklen Scheibe rasten Sterne vorbei. Vor ihnen leuchtete ein heller Ball.
«Wir sind in einer Weltraumrakete», flüsterte er. Luc stand neben ihm und hatte immer noch ein rosa Kuchenstück von der Fee in der Hand. Er steckte Ralph die Hälfte in den Mund und sagte: «Zu Befehl, Commander. Aber wir prallen nächstens auf dem Mond auf.»
Wirklich wurde der runde, weisse Ball schnell grösser.
«Scheisse, es ist Vollmond. Wir kommen nicht am Mond vorbei», schrie Ralph. «Käpten Luc, machen Sie sich auf eine Notlandung gefasst. Ich werde die Bremsraketen zünden. Achtung!»
Mit dem Mund betätigte Ralph verschiedene Schalter und Hebel. Und wirklich, es funktionierte. Die Kapsel, in der die beiden reisten, wurde langsamer und bald konnte Ralph das Landemanöver einleiten. Natürlich wurden die beiden heftig durcheinander geschüttelt, als sie auf dem Mond aufsetzten. Doch sie überlebten.

«Kool!», staunte Luc, als er die Türe zur Landerampe aufstiess.
«Kuul», sagte auch Ralph beeindruckt.

Die beiden Astronauten machten verschiedene Erkundungsausflüge auf dem Mond. Die Mondwesen bewegten sich alle auf Rädern oder auf Raupen fort. Sie staunten sehr, als sie Luc auf zwei Beinen gehen sahen und meinten, er sei ein Teufel.
Darum wollten sie ihn töten. Aber Luc schlug sie mit seinem Spritzelefanten in die Flucht. Die Mondwesen hatten eben noch nie Wasser gesehen und erschraken darum sehr.

Dann legte Ralph den Schnellgang ein, und sie flohen.

Bei ihrer Flucht entdeckten Luc und Ralph in einer Höhle leerstehende Motorstühle und Raupensessel in allen Grössen, Farben und Formen.
«Kool», flüsterte Luc. «So können wir doch der Freekkönigin einen Motorrollthron als Geschenk bringen.»
«Friikkönigin, heisst es, verstehst du, friik, von freak», verbesserte Ralph. Aber er war einverstanden mit dem Vorschlag.

Es brauchte überaus viel Mut, List und Geschicklichkeit, einen Motorrollsessel zu stehlen. Sie wurden von wütenden Mondwesen verfolgt und flohen mit letzten Kräften in die Weltraumkapsel. Im allerletzten Moment konnte Ralph die Rakete zünden und sie hoben ab Richtung Erde.

Die Freakkönigin hatte riesig Freude an dem wunderschönen Motorrollthron. Zum Dank verlieh sie den beiden Freunden den Freekheldenorden.
Es gab ein Riesenfest im Schloss. Die Fee mit den vier Rädern am Hintern feete und zauberte allerlei lustige Sachen.

Margarulla zog Ralph und Luc zur Seite und flüsterte ihnen ins Ohr:
«Ihr müsst nun zurück. Frau Moser hat aufgehört zu telefonieren. Aber ihr könnt ins Freekland kommen, so oft ihr wollt und immer wenn es euch langweilig ist.»

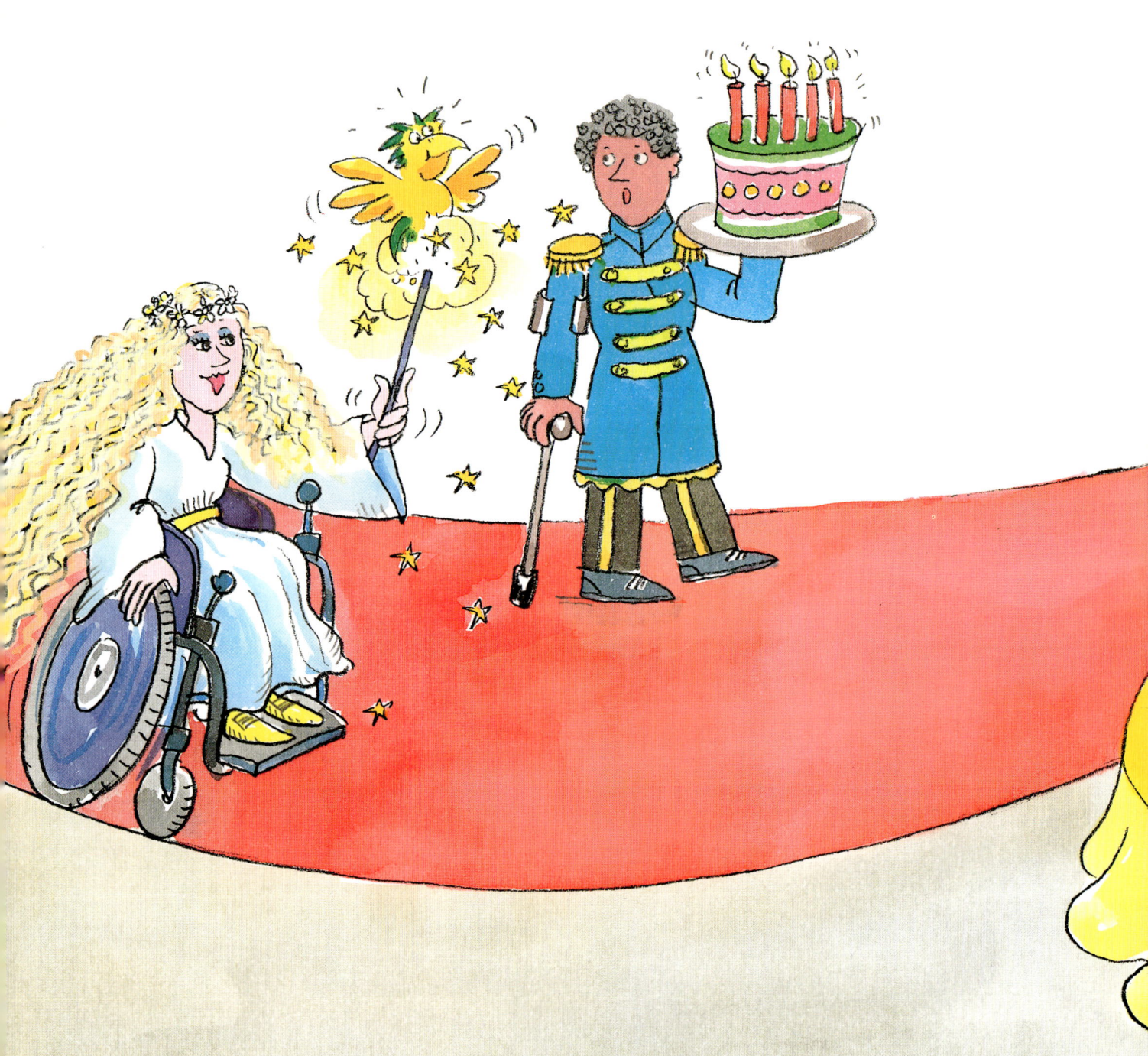

Alle Freaks winkten, als Ralph und Luc durch den Spiegel zurückrollten.

Frau Moser hatte eben das Telefon aufgehängt und war froh, dass Ralph und Luc trotz miesem Wetter so gut gelaunt waren.

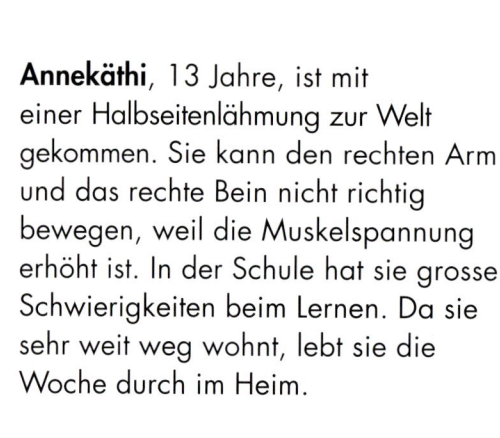

Annekäthi, 13 Jahre, ist mit einer Halbseitenlähmung zur Welt gekommen. Sie kann den rechten Arm und das rechte Bein nicht richtig bewegen, weil die Muskelspannung erhöht ist. In der Schule hat sie grosse Schwierigkeiten beim Lernen. Da sie sehr weit weg wohnt, lebt sie die Woche durch im Heim.

Luc 14 Jahre, ist mit einem Down-Syndrom zur Welt gekommen (früher sagte man Mongolismus, heute manchmal Trisomie 21). Er ist geistig behindert und lernt soeben die Buchstaben kennen. Seine Chromosomenstörung führt zu einem rundlichen Körper und Gesicht mit Stupsnase und typischer Augenstellung. Er musste ins Heim, weil seine Mutter alleinerziehend ist und tagsüber arbeitet.

Ralph, 11 Jahre, hat schwere cerebrale Bewegungsstörungen, die Arme und Beine betreffen. Weil er oft ungewollt zuckt und ausschlägt, ist er am Rollstuhl festgebunden. Zum Bedienen der Elektroschreibmaschine benutzt er einen Mundstab. In der Schule ist er der Beste. Er konnte nicht mehr zu Hause wohnen, weil seine Familie der Belastung nicht mehr gewachsen war.